나는 토마토였다

건강하게 사는 삶이

행복입니다.

정든별 시집

나는 토마토였다

초판인쇄 2025년 4월 30일
초판발행 2025년 5월 13일

지은이_ 정든별
발행인_ 이현자
발행처_ 도서출판 현자

등 록_ 제 2-1884호 (1994.12.26)
주 소_ 서울시 중구 수표로 50-1(을지로3가, 4층)
전 화_ (02) 2278-4239
팩 스_ (02) 2278-4286
E-mail_ 001hyunja@hanmail.net

값 12,000원

2025 ⓒ 정든별 Printed in KOREA

무단으로 내용의 일부를 인용하거나 복사, 발췌를 금합니다.

ISBN 978-89-94820-07-1 03810

나는 토마토였다

정든별 시집

도서출판 현자

시인의 말

딸은 교육을 시키지 않고
나이 20세 이전에 결혼시키는
풍습에서 탈출하여 서울에 왔다.

나를 지키고 보호해 줄 버팀목이 없는
서울이라는 광야에서 반듯한 버팀목을 찾아
교회를 찾았다.

성경 전체를 다 지킬 수는 없을지라도,
시편 1장 1절~6절, 26장 4절~5절 말씀으로 내 인생의 방향을 정하고,
십계명만이라도 철저히 지키겠다는 각오로, 절대로 부끄럽지 않은
엄마로 살겠다는 하나님과의 약속을 지키며 오늘을 산다.

이번에 첫 시집을 내는 영광도 하나님의 은혜라 생각하며
내 삶의 회상과 자전적 이야기를 모아 부족하지만, 용기를 내었다.

2025년 5월

정든별

차례

5 • 시인의 말

1부/ 이팝나무

12 • 이팝나무

14 • 오늘

15 • 광야를 향해

16 • 새벽 눈의 고백

17 • 내 나이 스물다섯 살에

18 • 그 사람

19 • 흔들리며 사는 인생

20 • 먼 곳에서 본 잔디밭

21 • 아픔

22 • 그는 나를 기억하고 있을까

24 • 해당화 꽃이 되어 오리라

26 • 눈물

29 • 만남

30 • 후회

31 • 궁합

32 • 눈

2부/ 나는 토마토였다

34 • 나는 토마토였다

35 • 목련

36 • 옥수수야 미안해

37 • 가지 말아 다오

38 • 세월아

39 • 귀여운 내 며느리

40 • 내 손자

41 • 아침을 깨운다

42 • 어릴 때

44 • 할매

46 • 함박눈

48 • 나는 지금 어디에 와 있는가

50 • 노아와 같은 안전한 자

52 • 소나무

53 • 침묵하리라

54 • 내 마음 깊은 곳에 있는 눈물

56 • 시인은 단풍이다

차례

3부/ 밤을 좋아한다

- 60 • 밤을 좋아한다
- 62 • 아버지
- 64 • 수박 같은 사람
- 65 • 내게 주어진 삶이 백 세라면
- 66 • 사과의 효능
- 67 • 추억을 여행하다
- 68 • 나의 모든 것
- 69 • 내려놓고
- 70 • 상처를 가진 사람들
- 71 • 정제되지 않은 타인의 마음
- 72 • 나를 찾아가는 중이다
- 73 • 엄마 사랑합니다
- 74 • 내 손자 2
- 76 • 자식은 태의 상급이라
- 78 • 할머니 보고 싶습니다
- 80 • 다시 태어난다면

4부/ 아픈 내 세월아

84 • 이번 세상에서는 실패했다
85 • 전쟁 중이다
86 • 고요하다
88 • 고이 흐르는 세월
89 • 아픈 내 세월아
90 • 세월아 쉬었다 가자
91 • 고향에 살고 싶어라
92 • 만나고 싶지 않은 사람
93 • 나는 지금 나로 돌아왔다
94 • 나를 주목해 보라
96 • 추억을 보라
98 • 해바라기
100 • 만나러 가자
102 • 내게서 버리지 못하는 그것
103 • 내게 익숙해 있는 것
104 • 꽃처럼 살고 싶었던 내 인생
105 • 가을의 소리
106 • 창문을 열며
108 • 이제는 시간이 없다

해설_ 지난한 삶, 그 갈증적 회상 공간의 詩化

金京秀 詩人, 文學評論家 ⋯110

1부
이팝나무

이팝나무
오늘
광야를 향해
새벽 눈의 고백
내 나이 스물다섯 살에
그 사람
흔들리며 사는 인생
먼 곳에서 본 잔디밭
아픔
그는 나를 기억하고 있을까
해당화 꽃이 되어 오리라
눈물
만남
후회
궁합
눈

이팝나무

이팝나무 향을 가진 당신

내가 지쳐 있을 때
쉬고 있을 때
당신을 만나고 싶어 합니다

가혹한 세상의 매를 맞고
쓰러져 잠들었을 때
당신을 만나고 싶어 합니다

어느 날
이팝나무 꽃송이로
만들어진 내 침실에

이팝나무 꽃송이로
만들어진 양복을 입고
나를 찾아와

내 전신의 아픔에
두 손목을 꼬―옥 잡고

새 힘을 실어 주고 떠나간 당신

애절하게 만나고 싶었던
당신을 꿈속에서 만나
열아홉 소녀가 되었습니다

오늘

오늘이라는 아름다움이 나의 심장을 뛰게 한다

오늘이라는 기대가 나를 기도하게 한다

오늘이라는 기쁨이 나를 만족게 한다

기쁨도 슬픔도 지혜롭게 한다

오늘이라는 진실은 오늘 내게 최선을 다하는

삶의 수레바퀴이다

광야를 향해

천지를 창조하신 신이
우리에게 물려준
에덴동산을 회복하기 위해
끝이 보이지 않는 광야를 홀로 간다

괭이와 삽과 호미를 들고
반듯한 내 길을 만들고
생수가 솟아오른 샘을 만들고
내가 쉴 수 있는 집을 만들고
오곡의 먹거리와 무지갯빛 찬란한
과실나무를 심는다

이름 모를 새들과
모여 노래 부르며
뒹굴며 뛰어노는 에덴동산

난무한 핍박과 유언비어들
호흡이 멈춰버리는 깊은 골짜기에
쓰러지면 다시 일어서 가야 한다

가지 않으면 안 되는 가야만 하는 길
나는 오늘도 광야를 향해 가고 있다.

새벽 눈의 고백

아주 먼 어느 날에
하얗게 변해 있는 길을 걸었지

사랑한다는 그 어떤 이의 고백을 들으며
하얀 이 길을 뒹굴기도 했지

내가 살아가는 세상에는
두 손 모아 마음 놓고
사뿐히 먹을 수 있는
깨끗함이 나를
기다리는 줄 알고 있었지

많은 시간이 흘러
세상은 늙었고
나의 겉모습
또한 늙었는데

어린 그 어느 날
사랑하는 이의 고백을
들으며 걸었고
뒹굴었던 이 길만은
늙지 않았음에 놀랍네

내 나이 스물다섯 살에

내 나이 스물다섯 살
결혼은 시시한 여자들이 하는 것

퇴근 후 나는 매일 남산 길을 걸으며
꿈꾸는 미래와 데이트를 했지
어느 날 산책하던 한 남자가
내게 말을 걸어왔지

미소의 화답으로 우린 동행을 했네

산과 결혼했다는 그가
오늘 가장 멋진 산을 만났다며 행복해했네!

내일 이 시간 이 자리에 와 있겠다는
그의 고백과 약속에
나 또한 속삭이듯 많은 얘기를 하고 말았네

그러나 그 이튿날 나는 그 자리에 가지 않았네
아니 다시는 남산 길을 걷지 않았네

지금 그 사람은 어디쯤에서
나처럼 변해 있을까?

그 사람

톡톡 튀는 젊음이 있는
나와 같은 생각을 하는 젊은 그 사람

항상 웃고 자신감 넘치는
나와 함께 있으면
나를 찾을 수 있게 해 주는 그 사람

아름다운 꽃을 피우기 위해
튼실한 열매를 맺기 위해
푸르른 숲으로 준비된 그 사람

안 보면 그리워지는
날마다 그것도 많이

흔들리며 사는 인생

흔들리지 않고 가는 인생이 있던가?

웃으면서 일어서야 하고
흔들리면서 훌훌 털며
새로운 꿈으로 살아가야 하는
인생이 아니던가?

오늘 하루도 흔들리며
살아가고 있는 인생

먼 곳에서 본 잔디밭

먼 데서 본 잔디밭은
아름답다는 말을 들어 본 적이 있는가?

잔디밭이 너무 아름다워 찾아갔을 때
그곳에는 발이 넘어지는 돌밭이었고
그곳에서 뒹굴기에는 가시넝쿨 밭이었다

나는 이십여 년 동안 먼 곳에 있는 잔디밭에서 놀았다
아름다운 걸음을 걸었고
잔디에 누워 뒹굴며 높은 하늘을 향해
소곤소곤 많은 얘기를 나누었다

그러나 이제 이곳은
아픔을 견뎌내야 하는 곳

먼 데서 보는 아름다운 잔디밭은
어디로 가버린 걸까?

아픔

지금 이대로 있고 싶다
오늘 하루만이라도

통통 부어
쑤시고
당기고
결리고

세포들의 외로움을 녹여 주는
뜨끈뜨끈 나를 편히 받들고
있는 돌 장판 위에 오늘 하루만이라도
이대로 있고 싶다

한 생애를 살아온
내 몸의 상흔을 이대로 기록하고 싶다

그는 나를 기억하고 있을까

열차를 타고 고향에 가던 중
빠르게 지나가는 창밖의 풍경을 보고 있었다

내 옆에 앉아 있던 청년의 목소리가

지루함의 침묵을 깨고 웃으며

흰 종이에
띄엄띄엄 1, 0, ㅡ, 11, 이 글자를 중심으로
그림을 만들어 보란다

참으로 의아했던 부탁이었으나
1에는 십자가를 0에는 해를
ㅡ에는 집을 11에는 무성한 나무를 그려서 건넸다

그 사람이 내게 들려주는 말
투철한 박애 정신으로 [십자가]

한 생애에 꼭 있어야 할
사람으로 살 것이며 [해님]

내가 있는 곳에는 평안히 있고 [집]
어떤 사업이든 내가 하는 사업은
푸르게 장성해질 것이란다 [나무]

나의 한 생애를 예측했던
그는 어떤 사람이었을까

나는 가끔 그 사람을 기억하곤 한다
그는 나를 기억하고 있을까

해당화 꽃이 되어 오리라

새벽 다섯 시
고요하고 정돈된
나 혼자만의 거리에
내 시선이 닿고 있는
너그러운 향기

느릿느릿 굽이치는
세찬 세상의 매를
맞으면서도 흐트러짐 없이
담장을 타고 작년보다 더 튼실하게
더 많은 꽃으로 피어나는
너의 탄생이 부럽기만 하구나

긴 수명과 강인한 체력과
향기를 가지고

혹여 다칠까 꺾일까?
자신을 철저히 지키기 위해
가시와 동행하는 너를
누가 밉다고 하더냐

싫다고 하더냐

내 죽어 다시
이 세상에 온다면
해당화 꽃이 되어 오리라

눈물

지식의 공원에 들어가는
만만찮은 조건을 갖추기 위해
수업을 받은 적이 있다

명문대 문과를 전공하고 동대 법대 재학 중
야간으로 국어와 영어 담당 선생님

달리듯 달려와서
수업을 진행하는 열심 어린 선생님
이마에 방울방울 맺힌 땀방울의 매력에
깊은 존경을 갖고 있는 제자

한 코스에 제자와 두 코스에 선생님
가끔 같은 버스로 퇴근을 했다

많은 시간이 지난 그 어느 날
나를 만나고 가는 날은 잠을 못 주무신다는 선생님
나는 깜짝 놀라며 왜 저 때문에
지금 이 사회에 나와 같은 여성이
몇 사람이나 있을까를 생각하느라
잠을 이룰 수 없다고 하신다

나는 웃으며 선생님 찾아서 세어보세요
생각보다 많이 있을 거예요

그 이후 동료 학생이 내게 하는 말
선생님과 내가 연애를 하고 있다는
소문이란다

연애
연애라면 손목을 잡고
영화관에도 가고 음식도 같이 먹고
여행도 가고 하겠지. 그런데 나는 선생님과
그런 적이 없는데 무슨 연애

수업 중에 선생님이 나를 보는 시선이
예사롭지 않단다

시끄러워 수업이나 열심히 하세요
쓸데없이 나두 모르는 연애를 한다며
누명을 씌운다고 야단을 쳤던 나

그런데 이상하다
제자로 만난 겉모습만으로 나를 여자로 보신 것이었나

가슴이 쓰려오는 고민을 하는 내가 아닌가?

한 끼 금식도 어려웠던 내가 3일을 식음을 전폐하고
눈물을 흘리고 있지 않은가

선생님
저는 십 남매의 장녀입니다
제 아버지는 다섯 여자의 남편입니다
두 여자에게서 칠 남매의 이복형제가 있습니다
물려받은 토지를 탐낸 가난의 미인들이
아버지의 자식을 낳고 부, 모 형제들이 동원되어
토지를 빼가고 있는 가혹한 운명을
겪고 있는 가련한 딸입니다

내 마음속 깊은 곳에 잠재된
아버지에 대한 분노 이 여자들에 대한 경멸
존경은 할지라도 사랑은 하지 않기로
마음을 닫아 버린 지 오래인 여자입니다

보이지 않는 내 아픔을 알고 나를 떠나기 전에
보이는 이 모습만을 남기고 눈물로 선생님을 떠납니다

만남

날마다 살맛이 있고
그래서 외롭지 않은
푸르른 사람들을 만나며 살고 싶다

의미가 있고 진실이 있고
은혜롭고 자비로운
사람들을 만나며 살고 싶다

마음을 때리고 진실을 왜곡하며
슬프도록 좌절시키는 그런 사람들을
만나지 않고 살 수는 없을까?

후회

그때 그 사람을 만나게 된 것을

가끔 후회한다
그 사람을 보내야 했던 그때를

나는 가끔 후회한다
그 사람을 사랑하지 못했던 것을

만남의 소중함을 깨닫지 못했던 어리석음은

전심을 다 해 나를 향한 사랑을
진지하게 사랑해 주지 못했는지

만남이나 보냄이나 사랑하는 것을
회복해 낼 수 없는 어리석음을
애절하게 후회를 한다

궁합

겉이 새침하고 속은 앙큼스럽고
겉이 안하무인이면 속은 거짓말을 잘하며
겉이 비겁하면 속은 교활하여 남에게 큰 혼란을 겪게 한다

새침데기와 친하면
보이지 않은 앙큼함으로
큰 상처를 입게 되고

안하무인과 친하게 되면
보이지 않는 거짓말이 배신감으로
큰 아픔을 겪게 되고

비겁한지와 친하게 되면
보이지 않은 교활함이 내 삶에 큰 충격으로
혼란을 겪게 된다

새침데기, 안하무인, 비겁함을 경험했을 때는
그 선을 넘지 말고 분별하는 지혜로움으로
삶의 품격이 아름답게 성장해 갈 수 있다

눈

사뿐히 온다
하얗게 예쁘게 온다

살금살금
조심스럽게

세상이
몸도 마음도
하얗다

모자를 눌러쓰고
하얀 눈과 같이
시작하는 사뿐한 발걸음

오늘도 하얗게
하루를 마치리

2부

나는 토마토였다

나는 토마토였다
목련
옥수수야 미안해
가지 말아 다오
세월아
귀여운 내 며느리
내 손자
아침을 깨운다
어릴 때
할매
함박눈
나는 지금 어디에 와 있는가
노아와 같은 안전한 자
소나무
침묵하리라
내 마음 깊은 곳에 있는 눈물
시인은 단풍이다

나는 토마토였다

토마토는 과일이 아닌 과채류다
암 예방, 피부미용, 심장 건강, 눈 건강, 흡연자에게 좋다,
골다공증 예방, 항산화 물질이 있다고 한다

나는 토마토의 효능을 이야기하지 않는다
토마토는 속과 겉이 똑같다는 의미를 말하고 있다

수박은 겉은 푸르지만 쪼개 보면 속이 빨갛다
사과는 겉은 빨갛지만 속은 하얗다

수많은 사람을 만나며 살았다
겉과 속이 똑같은 사람도 만났었고
겉은 푸르고 신선해 보였지만
속은 새빨간 거짓의 사람도 만났었고
겉은 거짓스러운 것 같았지만
그 속에는 거짓이 없는 깨끗한 사람도 만났었다

다시 태어난다면 토마토 같은
사람들을 만나며 살리라

목련

파란만장의 역사를 살아온
우리의 산야에
봄을 일찍이 알리는
목련

미의 왕이라 불리는
목련의 아름다움이어라

미와 숭고함을 휘두르는 교만은 잠깐
힘없이 잎이 땅에 떨어지는
가련한 운명이 애잔하여라

진실이 투명하게
성실함이 겸손하지 않으면
세상을 사로잡던 아름다움과 숭고함이 짧게
떨어지는 헛되고 헛됨을 깨닫게 해 주는
고마운 목련이어라

옥수수야 미안해

옥수수를 즐겨 먹는다

땅의 정기를 빨아들여
머리에서 뿌리까지
버릴 것 없이 영양을
전달해 주기 위해
온몸을 희생하는 옥수수

거짓과 이기적으로
병들어버린 세상

건강한 세상으로
순환할 수 있기를

가지런하고 튼실한 너를
먹을 만한 자격이 있는지…….

가지 말아 다오

세월아

너무 많이 가버린 세월아
두 번 올 수 없는 세상에 와서
내가 살고 싶었던 나를
살아보지 못했던 세월아

다시 한번 살고 싶은 나를
살 기회를 다오

어리석었던 날들
미련했던 날들
아프기만 했던 날들
쓰러져 외로워야 했던 날들

이제는 지혜로운 날들
기쁜 날들을 살고 싶구나

가지 말아 다오, 세월아
내게 더 오래 있어 다오 세월아

세월아

항상 작업복을 입고
노동해야만 했었던 시절

나를 중심으로
누군가가 건강해야 하고
기뻐해야 하기 위한
꿈을 갖기 위해
몸부림치며 싸워왔던 세월
아직도 해야 할 일들이 많은데

세월아!
30년만 나를 이 땅에 있게 해다오
펄펄 뛰며 하고 싶은 모든 일을
아쉽지 않게 다 해냈구나 하며
기쁘게 떠날 수 있도록
30년만 더 이 세상에 있게 해다오

귀여운 내 며느리

남편의 두 손을 잡고 12시간 진통으로
힘든 출산을 해야 했던 며느리
몸과 마음이 예민해져
정상으로 돌아올 때까지는
시어머니보다 친정어머니가 낫단다

두 팔목이 아파 아기를 안지 못하는 산모에게
젖을 물리지 말라는 친정어머니와 남편의 말에
콧등이 빨갛도록 울면서 그래도 젖을 물리는
내 며느리는 울보였구나

울보라는 말 들을까 봐
방에서 나오지도 못하는
귀여운 내 며느리

출산 후유증으로
두 팔목이 아픈 게 아니라
어른이 되는 아픔이란다

내 손자

천하를 다 준다 해도
바꿀 수 없는 내 손자

할머니를 사랑하느냐고 물었더니
할머니가 자주 오시지 않아서
양쪽 엄지손가락을 오므리며
조금 사랑한다고 하는 내 손자

할머니가 자고 가시고
자주 오시면 양쪽 팔을
힘껏 벌리며 이만큼
사랑하겠다고 한다

나의 행복, 나의 기쁨,
나의 사랑 나의 보배

아침을 깨운다

새벽 3시
나는 울고 있다

왜 눈물이 가슴에서 흐르고 있을까
온몸의 서늘함이 모여
가슴으로 차가운 눈물이 흐른다

에덴동산에서 태어나
가혹한 전쟁터인 세상으로 밀려 나온
어느새 고희가 되어 버린 날들

반듯한 내 길을 만들어 왔고
광야에서 목말라 있는 양 떼들을 찾아
생수를 마시게 했던 내 삶에

차가운 눈물이 흐르고 있다
아주 많이

어릴 때

아버지와 외출을 했다
변호사 친구를 만나러 가신단다

아버지 친구 집에 도착했다
대문 안마당으로 걸어 들어가면서
내 가슴에 뿌리내리는 미래를 향한 미소
나는 꼭 이런 집을 지으리라

이름 모른 예쁜 나무들
아담했던 연못
그 안에서 헤엄치는 붕어들

그러나 65년이 지난 오늘도
나는 아직 그때의 집을 짓지도,
갖지도 못했다

나는 이 미래를 세상에서 가져 보지 못한 채
가슴에 안고 천국에서야 이룰 수 있을 것인가?

주님
나에게 기회를 주소서
나에게 어릴 때의 미래가
오늘이 되게 하소서

할매

집 앞에 의자에 앉아 오가는 이웃의 안부를 살피며
위로와 격려를 보내며 힘을 실어 주시던 할매

내가 이사 간다고 인사했을 때
기절하듯 놀라시던 할매

다시는 올 수 없는 먼 길을 가시면서
한마디 인사도 없이 떠나시다니요

함께 했던 이웃의 친구들이
얼마나 놀랐는지 보고 계십니까

무엇이 급해서 홀연히
우리 곁을 떠나셨습니까

할매 보고 싶습니다
할매가 보고 싶어서 흐르는
눈물을 엄 출 수가 없습니다
다시는 만날 수 없다는 눈물뿐일까요

할매
보고 싶습니다
보고 싶습니다
부디 천국에서 행복하세요

함박눈

이전 것은 지나갔으니
새로운 피조물이라

최선을 다해 사랑했고
자비를 다 했고, 인자함을 다 했건만
무엇이 부족하여 슬픔과 고통과
서운함으로 한 생애를 살아야 했을까?

유난히 눈이 없던 2018년 겨울
2019년 2월 19일 예쁜 눈이 오고 있다

참으로 탐스럽고 예쁘게 청결 된 모습으로
내게 오고 있는 함박눈

그래
슬픔과 고통과 분노의 한 생애는
이전 것이 되어 버리자

자비와 인자함을 머금은 함박눈으로
새로운 피조물인 2019년 새로운 시작을 해 보자

그것도 아주 멋지게

탐스럽고 청결한 저 함박눈처럼

나는 지금 어디에 와 있는가

뉴스를 보고 있네

망망대해 안에 있는 저 작은 섬

긴 완행열차를 타고 목포에서 내려
통통 배를 타고 선친들이 계시는
본향에 가고 있을 때

세찬 파도를 헤치고 가고 있는 부두에 서서
선친들과 시끄러운 세상을 피해
조용히 쉬어 가는 별장을 짓겠다고 했던
낯익은 작은 섬

까맣게 잊고 있었던
어린 그 어느 날 꿈이
뉴스 시간에 내 기억을 깨운다

그래
나는 어디에 와 있는가
망망대해 저 작은 섬에

별장을 짓겠다고 했던
어린 날에 꿈속에 와 있는가

나는 지금 어디에 와 있는가

노아와 같은 안전한 자

자신의 형상으로 창조하여
세상의 사람으로 온 자들이 땅을 부패하게 하고
세상을 부패하게 하는 포악한 자들을
홍수로 쓸어버릴 계획을 세우셨던 이여

의인을 악인과 같이 죽게 함은
심판자의 부당함을 아시는 이께서
의롭고 안전한 노아와 그 가족과
천지 창조 한 쌍을 구하시기 위해
방주를 만들게 하셨던 위대하신 이여

노아의 시대보다 더 세상을 부패하게 하는
포악한 이 시대를 한탄하시며 근심하시어
코로라 바이러스라는 작은 미생물로
 천지를 뒤집어 새롭게 다르게 배치하시는 이여

노아가 120년 동안 방주를 만들어 내던
긴 세월을 참으시고 기다리셨던 것처럼
120년을 만 배로 참으시고 우리에게 외출을 금하고
신이 원하시는 정상으로 존재감을 다듬어 주시는 이여

의인 열 명이 있다면 그 열 명으로 인해
온 성을 용서하시겠다던 이여
이 나라에 의인 열 명을 찾으시고
이 민족을 용서하소서

소나무

무더위 속에서도
맹렬한 추위 속에서도
사람에게 없어서는 안 되는
버릴 것 없는 소나무

황토에서 자란 소나무는
흙과 물로 만들어진 사람에게
근육과 뼈를 튼튼하게 하고
몸 안에 어혈을 없애주는 소나무

새살이 나게 하고 산후풍과
관절염 신경통 요통 골수염
골수암을 없애 주며 몸통은 목재로
사람에게 절대적으로 필요한 소나무

삼천리 반도 금수강산에 우거졌던 소나무
고개를 돌려 사면을 돌아보아도
관광지가 아니면 만날 수 없는 소나무

소나무가 우거졌던 삼천리 반도
대한민국을 누가 소나무가 없는
춥고 쓸쓸한 헐벗은 산으로 만들었을까?

침묵하리라

살아온 긴긴 세월
많은 서운함 야속함
억울함과 분노
시간에 밀려 인내로
살아온 세월

원망과 분노와 미움으로
많은 사랑을 놓쳐 버렸다

다시,
그때로 돌아간다면
다시는 원망하지 않으리라
미워하지 않으리라
서운해하지도 않으리라

미움과 원망과 그 어떤
서운함에도 침묵하리라

내 마음 깊은 곳에 있는 눈물

병원 내와 밖까지 칠흑처럼 어두웠던 밤
아주 먼 곳에서 어둠을 뚫고 환하게 웃으며
내 가까이에 오고 있는 빛이 있었다

오랜만이라며 생글생글 웃으며
나를 반기는 빛 나와 언제부터 친했었을까

화사하고 환한 내 어린 날
넓은 마당에 멍석을 깔아 놓고 누워
청아했던 하늘을 우러러보고 있을 때
그 높은 곳에 저 달님이 있었지

지구는 둥글다는데 달님을 향해
둥근 하늘이 무너지지 않는 것은
저 하늘을 받쳐주는 기둥이 있으리라
그 기둥 가까이에 사는 아이들은 참 좋겠다

기둥을 타고 하늘에 올라가
해님도 달님도 만날 수 있을 테니까

생글생글 웃으며 나를 내려다보는
저 달님을 향해 소곤거렸던 약속이 있었지

40년 후 우리 집 넓은 땅에 농민 대학을 만들어
농민들이 새로운 농법을 개발하여 엎드려 풀 뽑지 않고
청바지를 입고 멋진 모자를 쓰고 루주를 빨갛게 입술에 바르고
휘파람을 불며 음악이 넘치는 건강한 농촌을 만들겠다고

달님
달님과의 약속은 잊은 적은 없었지만
그날의 약속을 이루지 못한 채
오늘 만남은 내 마음 깊은 곳에 있는
눈물과 슬픔이 빛나는 만남이 되어 버렸구나

시인은 단풍이다

사람보다 먼저
봄을 알고 태어나

세찬 비바람과 폭풍을 맞으면서
튼실하게 자라 꽃을 피우고
열매 맺어 우리에게 먹거리가 되어 주고

낙엽이 되어
생을 마무리하는 순간까지
온 산야를 붉게 물들여
아름다움을 선물해 주는 단풍

단풍을 만나기 위해
즐거운 탄성의 노래를 부르며
몰려가는 저 그림을 보라

시인의 삶은 생명이 다하는
그 순간까지 신비의 탄성을
부르며 우울해 있는 우리의
정서를 회복시키는

단풍과 같은 삶과
글을 남기는
시인은 단풍이다

3부

밤을 좋아한다

밤을 좋아한다
아버지
수박 같은 사람
내게 주어진 삶이 백 세라면
사과의 효능
추억을 여행하다
나의 모든 것
내려놓고
상처를 가진 사람들
정제되지 않은 타인의 마음
나를 찾아가는 중이다
엄마 사랑합니다
내 손자 2
자식은 태의 상급이라
할머니 보고 싶습니다
다시 태어난다면

밤을 좋아한다

나는 밤을 좋아한다

산천초목이
잠들어 있는 밤이 좋다

모든 근심과 걱정
미움과 갈등 슬픔이
멎어 버린 밤이 좋다

잠들어 있는 그 순간들은
서운함과 야속함과 상처가
쉬고 있는 밤이 좋다

억울함과 분노와
증오가 쉬고 있는
밤이 좋다

새로운 내일을 준비하는
에너지가 충전되는 밤이 좋다

인류 위에 세상 위에
우주 위에 찌꺼기가
만들어지는 밝은 곳에서
탈출하여 쉬게 하는 밤이 좋다

아버지

한국에 최초의 여자 박사로 키우겠다며
넓은 박자를 붙여 이름을 주신

아버지
내가 태어나서 열 살까지 늘 곁에 두고 애지중지
나를 다듬으며 키워 주셨던,

그 넓은 땅
우거진 소나무 숲에
나를 데리고 가서
큰 터를 잡고
대나무를 심으시고

너희들이
공부를 마치고 성인이 되어
어떤 집을 짓고 싶을 때
그때를 위해 집터를 잡고
대나무를 심었다는 아버지

아무 준비도 없는 어느 날

어린 나를 끝이 보이지 않은
망망대해에 버렸던 아버지

오늘도 나는 아버지를 기억하며
하루를 살아냅니다

수박 같은 사람

수박은 리코펜이란 항산화 효과
근육통을 예방하는 베타카로틴
카로티노이드 등 노화 방지
암 예방 심장질환 부종을 가라앉히는
효과 면역력의 강화 등 여러 가지
영양소가 있다고 한다

신은 이 땅에 빛과 어둠을 만드셨고
불을 만드셨고 물을 한곳으로 몰아 바다를 만드셨고
각종 씨 맺는 채소 과일나무들은 만드셨고
흙으로 사람을 만드시고 세상을 다스리고
정복하고 충만하라 하셨다

겉이 수박처럼 신선해 보이는 사람일지라도
수박을 쪼개 보면 겉과 속이 다른 것처럼
이 땅과 세상을 부패하게 하는 포악한 사람들은
겉과 속이 무서우리만큼 다르다

내게 주어진 삶이 백 세라면

백 세를 살다가 다른
세계를 향한 열차를 타고 갈 때
즐거웠다고, 만족했노라고

환한 웃음으로 손을 흔들며
백 세의 세상보다 더 멋진 나라로
여행을 떠날 수 있을까?

열차의 문을 열고 불어오는
바람에 찰랑거리는 긴 머리에
화장기 없는 깨끗한 얼굴에

행복의 미소를 머금고
험한 세상에 다시 오지 않으리라는
자신감 넘치는 손을 흔들며 떠날 수 있을까?

사과의 효능

쿼세틴 성분 베타카로틴 비타민 칼륨 칼슘
식이섬유 유기산[피로 해소] 플라보노이드[항암효과]
비타민[피부 미용 및 건강] 소화 장애 개선
콜레스테롤 조절 폐 기능을 강화하고
발암 물질을 없애 주는 역할[인슐린 역할]
세포 노화 조직 손상을 막아 주며
혈장 속에 과산화 지질 증가를 억제해 주는 효능

빨간 사과의 겉모습 같은 사람이 있다
사과의 빨간 껍질을 벗기면 속이 하얗다

겉모습은 새빨간 것 거짓스러울지라도
사과의 빨간 껍질을 벗기면
그 속은 깨끗한 흰색의 몸이 나오듯이
벗기면 벗길수록 하얀 마음 거짓이 없는
마음을 가진 깨끗한 사람이 있다

사과라는 본연의 가치에 기여하는
왼손이 하는 일 오른손이 모르게 하는
수줍은 과일이라 할 수 있으리라

추억을 여행하다

찬란한 미래를 꿈꾸며
매일 퇴근 후 걸었던 남산길

나와 함께 줄지어 있던 어린 나무들은
하늘 높이 하늘을 찌르듯
높이 커 버린 추억의 나무들이 되었다

노쇠해 버린 나와는 달리
힘이 거대해져 버린 미래의 나무들

끊임없는 전진으로 거대한
거목이 되어 있는 나무들 앞에 나는 무엇을 했는가?
초라한 내 모습에 눈물이 멈추지 않는다

다시 돌아갈 수만 있다면

나의 모든 것

아무런 예고도 없이
내 삶 속에 슬픔이 왔네

내 마음을 슬프게 했던 저들에게
은총을 베풀게 하소서

나의 가는 길을 멈추게 하는 자들을
용서하게 하소서

내가 생명 삼은 무엇을
내려놓고 거친 풍랑에도

나를 잠잠 캐 해, 나를
반석에 있게 해 주소서

이 하루를 새롭게 하여
다시는 슬픔이 없는
날들이 있게 하여 주소서

내려놓고

신 앞에 세상 앞에 사람 앞에
내가 필요했던
모든 것 내려놓고

남아 있는 시간 앞에
오직 기쁘고 즐거운
평안의 노래 부르며

내 마음속 깊은 곳에
있는 나를 찾아
나다운 나를 찾아
다듬으며

후회 없는 나를 만드는
나다운 나를 살고 싶다

기쁨의 나를 만드는 나다운 나를 살고 싶다

상처를 가진 사람들

이스라엘 민족이 430년 동안
애굽에서 종살이했던 슬픔과
고통과 환란에서 탈출해 내신 하나님

태어나서 고희가 되기 이전까지의
긴 긴 세월을 갈기갈기 물고 찢기며
살아온 나의 슬픔과 고통

나는 길이요 진리요 생명이라는
하나님의 뜻이 아닌 가족들이나
지인들의 유혹을 거부하며
긴 터널을 탈출해 내기 위한
고통과 고독으로 상처를 가졌으리라

아직도 나를 따라다니는
아니 내가 세상에 있을 때
동행하여 있을 슬픔

이제는 원망도 비난도 푸념도
그 어떤 모양의 갈등도 미움도
상처가 되는 그것까지도
다 포기하리라

정제되지 않은 타인의 마음

타인의 마음을 읽다가

내 마음속 깊은 곳에 있는
나를 찾아 나를 나답게
다듬어 내는 작업 속에서

중심이 잡히지 않는
미련함이 내게 있는
새로운 발견을 하고 있다

나를 나답게 나다운
내가 노쇠해 있다는
나의 발견에 절망과 서글픔이 교차 되어온다

나를 찾아가는 중이다

넓은 마당에
산 같이 쌓아 놓은 볏단
집 밑에 깊은 굴에
가득 담겨 있는 고구마

꼬끼오 잠을 깨우는 그 많은
닭들과 오리
우리 집을 지켜 주는 듬직한 진돗개

해바라기 꽃 석류나무 열매
대추나무, 감나무 도토리나무
우리 집을 포근히 감싸 주었던
대나무 우거진 그곳

언제 어디에서
어떻게 나를 잃어버렸을까?
왜? 나를 잃어버렸을까?

나는 지금 잃어버린
나를 찾아가는 중이다

엄마 사랑합니다

'엄마 사랑합니다'

다소곳하고 예의 바르고 어진 나의 엄마
아들딸 농사 잘 지었다는 부러움을 살 때마다
엄마처럼 촌에 묻혀 놓지 않고
넓은 세상에서 나래를 펴며 살게 하려는

아무런 자원도 없이 빈손으로 훨훨 광야에
삼 남매를 데리고 피난길을 택했던 엄마

엄마의 이름을 불러 봅니다
인고의 운명을 살아온 엄마
눈물이 눈을 가려 엄마의 모습을
바라볼 수가 없습니다

엄마
엄마를 피하고 있는 나를
매번 찾고 계신 엄마
어릴 때 내가 봤던 그 모습을
찾아볼 수 없기에
엄마를 똑바로 대면하기가 두렵습니다
슬픔의 주름을 보기가 두렵습니다

내 손자 2

할머니를 만나면 할머니와 놀겠다며
어린이집에도 가지 않으려 하는 내 손자

만나면 꼬-옥 껴안고 볼에 **뽀뽀**하고 싶은데
코로나라는 이 고약한 것이 행복을 막아 버린다

행복이라는 위대한 에너지를 포기할 수 없으리
기저귀를 차고 있는 방대기에 **뽀뽀**를 해 주기로 했다

이 방댕이 누구 거냐고 했더니 할머니 거란다

어느 날 할 말이 있다며 영상 전화가 왔다
그래. 무슨 할 말인데 했더니
시온이 방댕이는 할머니 것이 아니고
시온이 것이란다

오랜만에 만나 놀이터에 가서 놀던 중
할머니 시온이가 놀다가 집에 가서 씻고
옷 갈아입고 난 후 방 대 이에
뽀뽀하게 해 줄게요.

돌아올 때 방댕이를 내밀며
빨리 시온이 방댕이에 뽀뽀하고 가란다.
내 손자가 철이 들면 오늘의
추억이 어처구니없어하리라

자식은 태의 상급이라

소도 비빌 곳이 있어야 등을 비빈다는데
옷 한 벌 고무신을 신고 비빌 곳 없는 광야에
홀로 갈 때 춥고 배고프고 두려웠다

한 번밖에 올 수 없는 세상에 와서
나답게 나의 길을 찾아 후회 없는
삶의 긴 터널의 세월을 탈출하기 위해
여러 종교를 찾았었다.

그러나 나의 마음을 따뜻하게
비빌 곳을 찾지 못하고 무의미한 존재가 되어 버렸지

생명이 있는 식물도 공중에 날아다니는 새들도
땅을 기는 것들 가축들도 살아 있을 가치가 있는데
나에게는 가치 있는 길이 없을까

금식하며 밤새우며 죽으면 죽으리라
하나님께 매달렸던 애절함 중에 결혼했다

아들을 낳아 그 예쁜 입으로 내 젖꼭지를 물고

토실토실한 손으로 내 한쪽 젖꼭지를 잡고
내 얼굴을 올려 보며 씽긋이 웃던 내 아들

하나님이 내게 상급으로 주신 내 아들아
내 아들에게 자랑스럽지는 않더라도 부끄럽지 않은
엄마로 살아야겠다는 살아 있을 가치를 알게 해 주었다

나를 세상에 살아 있을 가치를 알게 해 준 내 아들아

할머니 보고 싶습니다

"할머니 나 학교 갔다 왔어."

오냐 오냐 내 강아지 학교에 갔다 왔는가
행복한 얼굴에 미소 가득 머금고
내 머리를 쓰다듬고 꼭 껴안으며
세상에서 단 하나밖에 없는 보석인 양
애지중지하셨던 할머니 보고 싶습니다.

집 밑에 깊은 굴속에 가득 채워져 있던 고구마
큰 항아리마다 가득가득 채워 저 있던 양곡들
마당에 가득했던 닭들과 오리, 돼지, 소
공중을 날아 집안에 품격을 과시했던 비둘기
탐스럽고 귀여운 토끼, 증조부의 보약이었던 염소

밤이면 온 동네 사람들이 큰 방에 모두 모여
라디오를 들으며 이상하다 이 속에 사람이 들었겠지
신기해했던 그날들
몰래 가방에 고구마를 넣어 주셨던 할머니

아버지에게 돈을 빌려 가 갚지 못했던 외삼촌들을 향해

처남들 때문에 살림 못 하겠다며 아침저녁으로 엄마를
괴롭혔던 할머니 지금 어디에 계십니까
시간을 돌릴 수만 있다면 그때로 돌아가
굶주리고 있는 외갓집에 양곡을 보내주자고

할머니를 설득할 것입니다.
할머니 보고 싶습니다

다시 태어난다면

다시 태어난다면
이 세상에서 이루지 못했던
그 사람을 만나 사랑하리라

다시 태어난다면
법조인이 되어 나는 길이요
진리요 생명이라는 성실을 다하는
사람을 지키는 버팀목이 되어 주리라

다시 태어난다면
성실한 삶을 즐기는 그들과 모여
푸르른 숲을 이르고 있는 산에서
날아다니는 새들과
노래 부르는 가수가 되리라

다시 태어난다면
넓고 푸른 초원에 만발한 꽃들과
천사들과 미소 지으며
나비들의 손을 잡고 춤을 추는
천사가 되리라

다시 태어난다면
왜? 그랬을까 하는 후회 없는
한 생애를 사는 자가 되리라

4부
아픈 내 세월아

이번 세상에서는 실패했다
전쟁 중이다
고요하다
고이 흐르는 세월
아픈 내 세월아
세월아 쉬었다 가자
고향에 살고 싶어라
만나고 싶지 않은 사람
나는 지금 나로 돌아왔다
나를 주목해 보라
추억을 보라
해바라기
만나러 가자
내게서 버리지 못하는 그것
내게 익숙해 있는 것
꽃처럼 살고 싶었던 내 인생
가을의 소리
창문을 열며
이제는 시간이 없다

이번 세상에서는 실패했다

무책임한 부모를 만난 건 첫 번째 큰 실패다

나는 항상 성실히 일하고 있었다
일하면서 깨닫고 얻은 정보를 교활 한 자들의
친절에 속아 당해버린 어리석음은 큰 실패다

신비할 만큼 성실과 정직으로 얻어진 자원으로
행복을 누리는 그들이 나는 아무것도 한 게 없다며
비난하는 그들에게 처참하게 밀리는 건 큰 실패다

나 때문에 아파하고 애잔해야 하고
마음과 지혜 지식을 나의 것으로 힘을 주려 했던
진실과 정직한 그들을 떠나보낸 건 큰 실패다

이리 밀리고 저리 밀리고 이리 채이고 저리 채이며
벼랑에 놓여 있으면서도 여기서 다시 시작하자며
도전하다가 세월을 낭비한 건 큰 실패다

사과. 수박. 토 마 토 과일 중
토마토 과일과 같은 사람으로 살겠다는
나의 선택은 큰 실패다

전쟁 중이다

천지는 살아있기 위해 치열한 전쟁 중이다

유구한 세월 속에 안착한 교만과 시기 질투들이
작은 미생물이 세계를 뒤집고 있는 전쟁 중이다

그 하찮은 것들이 살며시 나타나서
신을 이기기 위한 교만의 바벨탑이 무너지는
허무함을 맛보게 하는 전쟁 중이다

전쟁이란
너는 죽고 나는 살겠다는 것

천지를 창조해냈던 나를 이기려고 하는
포악스러운 너를 심판해야 할 때가 지금이라

의로운 나를 새롭게
이 천지에 배치해 내기 위해
이 전쟁을 택할 수밖에 없는

천지는 창조시대로 돌아가기 위해 치열한 전쟁 중이다

고요하다

2020년 9월 29일 자정

내 나이 74세 이토록
고요했던 밤이 어느 때였으리

40주야 하늘 문을 활짝 열어
비를 내리시고 땅의 문을 활짝 열어
샘물이 솟아오르게 하여

땅과 세상을 부패하게 했던
포악한 자들을 심판하실 때에도
의인과 악인을 같이 아니 하시는 신이

이 천지에 질병 바이러스를 보내
천지를 창조하셨던 그때 그대로
돌리시는 위대하심

낮에는 땀 흘려 열심히 일하게 하고
어두운 밤에 천지가 잠들게 하여
고요한 밤으로 돌리시는 신기하심에

무릎을 꿇는다 고요한,
이 밤에

고이 흐르는 세월

누구도 붙잡을 수 없는
지치지 않고 흐르는 세월

고고한 세월 속에 슬픔과 고통 외로움이
어디로인가 흐르는 세월을 슬프게 한다

아니 고고히 흐르는 세월을
잔인하게 만들어 버린다

흐르는 세월 속에 그려진
슬픔과 외로움 고통과 아픔들의 그림

다시는 만나고 싶지 않은 그 세월
내게서 정체하지 말고 빠른 걸음으로
아주 멀리 떠나라

사랑이 있고 즐거움도 있었던 세월
다시는 후회하지 않는
만족이 넘치는 세월만이

빠른 걸음으로 내게로 와서
영원히 나와 동거하리라

아픈 내 세월아

가슴을 움켜쥐고 통곡해야 하는
아픈 내 세월아

다시 겪어야 한다면
다시는 겪어질 수 없는
아픈 내 세월아

할 수만 있다면 다시 돌아가서
아픔이 없는 세월을 시작해 보고 싶은
지나온 아픈 내 세월아

모두가 나처럼 슬펐을까?
모두가 나처럼 외로웠을까?
모두가 나처럼 고통스러웠을까?

참으로 서운했고 야속했고
억울했고 분노의 날들이었던
아픈 내 세월아

하늘의 해님도 달님도 별님도
산천초목도 나처럼 외로웠고
슬펐고 고통의 아픈 세월이었을까

세월아 쉬었다 가자

너무 빨리 가 버린 세월아
이제 좀 쉬었다 가자

쉴 새 없이 앞만 보고 살아온 세월
그러나 아무것도 없는 텅 빈 나에게

이제 좀 쉬어가자 천천히 가자
슬픔을 씻고 외로움을 씻고
고통을 씻고 가자 천천히

서운함도 야속함도 억울함도
분노를 씻어 버리고 다시 시작하자
새롭게 가자 좀 쉬었다 가자

100세 시대에 지나온 70년을
보상이라도 받을 수 있도록 지혜롭게
25년을 70년만큼 쉬면서 가자

한번 밖에 올 수 없는 세상에 왔으니
웃으면서 멋지게 기쁘게 만족하게
후회 없는 여행으로 돌아갈 수 있도록
천천히 쉬면서 가자 세월아

고향에 살고 싶어라

마음속 깊이 사무친
흙냄새 풀냄새 나는 내 고향

푸르른 보리 냄새 쌀 냄새 고구마 냄새
콩 냄새 옥수수 냄새 수수 냄새 고추 냄새

주렁주렁 참외, 수박, 오이들의 향기
세콤달콤 새빨간 알알이 터져 있는
석류 알들의 미소

골목골목 환한 미소로
나를 반기는 꽃들의 멜로디
미소가 있고 음악이 있고
풍성한 나눔이 있는
그곳에 가서 만나 살고 싶어라

악마늘이 넘씬거릴 수 없었던
내 안의 나를 만들어준 천사들

그 속에서 춤을 추며 노래하며 뛰며 뒹굴던
그곳에서 살고 싶어라

만나고 싶지 않은 사람

길이요 진리요 생명이라는
반듯한 길을 갈 수 있도록
이 세상에서 다시 오리라

나를 외롭게 수없이 좌절하게
슬프게 했던 한 부모에게서 태어난
형제들을 절대로 다시는 만나지 않는
이 세상에 다시 오리라

혼인 신고란
누구는 누구와 하나의 집이라는 열쇠이다
부지런하고 예의 바른 어진 가문의 담을 넘어
나와 선친들의 집을 강도질했던 여자들을
다시는 만나지 않는 이 세상의 다시 오리라

다시 올 세상에서는 행복을 강도 당하지 않고
이 세상에 왔을 처음 왔을 때의 푸른 초원에서 살리라

나는 지금 나로 돌아왔다

나는 부모의 꿈을 먹었다
이 나라의 최초의 여자 박사로 키우겠다는

그 꿈을 먹으면서 나는 문인이 되겠다는
꿈을 꾸었다

나의 아버지는 나에 대한 꿈을 깨 버렸다
꿈을 이루려고 하는 어머니는
거대한 가문과 재산을 포기하고
꿈을 찾아 광야를 선택했다

광야에서 50년을 살아남기 위해
치열한 투쟁으로 오늘 이제 삶의 익숙해지는
경지에 도착했다

나는 광야에서 벗어났고
나를 찾아가는 문인이 되었다

나답게 나를 만들어
꽃 피는 날을 기다리는 중이다
환하게 빛나는 나의 날을

나를 주목해 보라

우는 사자와 같이 이스라엘을 삼키려고
칼과 창을 들고 한길로 들어와 물고
뜯고 아-하 아-하 하고 비웃던 골리앗을
다윗은 여호와의 이름으로 나아가 주머니에서
돌을 꺼내 물매로 골리앗의 이마를 쳐서
멋지게 이스라엘 구원했던 다윗처럼

뱀과 같이 간교한 너희들이 들고 온 무기들을 들고
신이 주신 적자의 반듯한 내 길을 찾기 위해 가파른
고독과 외로운 나를 좌절하게 했고 슬프게 했지만
나는 길이요 진리요 생명이라는 목표를 붙잡고
천박한 뱀의 유혹에 속아 넘어가기 전
에덴동산의 주인이었던 아담과 이브처럼
나는 내 적자의 자리에 돌아왔다

무지갯빛 과일나무를 심고 이름 모를 새들과 나비들의 손에
손을 잡고 춤을 추는 꽃들의 미소와 향기가 있는 나의 길
을 찾았다

이제는 뱀들의 포악한 유혹이 얼씬 대지 못하도록

내가 태어났던 예루살렘의 성을 쌓고 천군 천사들이
지키는 적자의 집에 입성했다 그 길을 너무나 슬펐고 아팠고
고통이었고 긴 터널이었다 이제 터널은 영원히 지나갔다

추억을 보라

고난도 추억이었구나
슬픔도 추억이었구나
고통도 추억이었구나

다시는 겪고 싶지 않은 날들이 추억되었구나

고난 중에도 즐거움이 있었고
슬픔 속에도 기쁨이 있었고
고통 속에도 미소가 있었던
그때가 추억이 되었구나

다시는 되돌아갈 수 없는
즐거움과 기쁨이 미소가
그리워지는 추억이 있었구나

이 세상에 오면 누구나 겪어야 하는 삶이었을까?

즐거움이 있었고 기쁨이 있었고
춤을 추며 노래를 부르며
뛰며 뒹굴던 추억이 있었구나

마음이 시리고 몸도 시리고
깊은 잠에 빠졌던 밤도 시렸던
한 생애가 추억이 되었구나

해바라기

해바라기와 빛의 만남
중심에 있어 본 적이 있는가?

대문을 나서면
예뻐라 착해라 인자한 미소를
가득 머금은 노랑 꽃잎 안에
많고 많은 나의 씨족들

추석 햇곡식으로 빚은 음식들
동지 팥죽 구정 명절 떡국
아낌없이 나누던 해바라기
마을이 그리워 그리워진다

숭배 그리움이라는 꽃말

씨는 향일 규자 융농을
속까지 없애며 현리를 치료하고

뿌리는 향일 규근 타박상
소갈 인을 치료하며

잎은 향일 규엽 꽃은 고미 건위제
줄기는 요로결석 소변불리를 치료하는
버릴 것 없는 이 지구상에 유익한 해바라기

고개를 돌려 사면을 둘러보아도
보고 싶은 나의 씨족들은 보이지 않는다

해바라기 숲이 우거진
마을을 떠나 나의 씨족들은
지금 어디에

다시는 만날 수 없다는 슬픔에
주저앉아 통곡한다

만나러 가자

앞만 보고 달려온 세월
지금과는 다른 길을 가고픈데

혹시 지금까지 살아온 세월과 다른
그 어떤 모양의 세월이 있는가

지금까지 달려온 것처럼
내가 서 있는 이곳에서
고개를 돌려 사면을 돌아보자

보인다

어릴 때 내가 누렸던 푸르른 숲이 보인다
아름드리 피어 있는 꽃들이 보인다

산으로 나무하러 갔던 동무들 들에 나가
나물을 뜯고 바닷가에 가서 맛을 잡고
게를 잡고 짱뚱어를 잡던 동무들이 보인다

예쁜 비단옷을 입고 명절 때 만나면
술래잡기 땅따먹기 고무질 놀이 줄넘기

강강수월래를 하며 하하 호호 깔깔대던
즐겁고 행복했던 그날들이 보인다

교실이 없어서 비를 맞으며 운동장에서
담임 선생님과 함께 때를 씻던 그때
그 시절 그곳으로 시계를 돌려 돌아가자
지체하지 말고 서둘러 만나러 가자

내게서 버리지 못하는 그것

집을 에워싸고 있는 대나무
눈을 뜨면 보이는 석류나무
문을 열고 나가면 넓은 마당

감나무 상수리나무 대추나무
뽕나무 해바라기 봉숭아꽃
백일홍 딸기나무

내 집을 지키는 듬직한 가축들
마당에서 먹이를 쪼아 대는 닭들
가족들을 보면 꼬리를 흔들던 강아지

대문을 나서면 내 머리를 쓰다듬으며
예쁘다고 착하다고 축복을 아끼지 않았던
에덴동산에서 나는 태어나서 살았다

다시는 돌아갈 수 없는
나의 기억 나의 추억
나의 세월

나의 아픈 마음들

내게 익숙해 있는 것

할머니 오늘따라 너무 많이 보고 싶습니다.

철이 들면서 나의 엄마를
하인처럼 부렸던 할머니의
잘못도 알았습니다

할머니께서 애지중지했던 맏손녀는
사춘기에 할머니께 덤볐습니다
할머니께 덤볐던 손녀딸에게

갖가지 잡곡으로 찰밥을 지어
김에 싸서 주먹밥을 만들어
주셨던 할머니 보고 싶습니다

할머니의 그때 그 맛이 잊히지 않아
오늘도 할머니의 그 맛을
떠올리며 살고 있어요

시계를 돌려서 그때로 돌아가고 싶습니다.
그때로 돌아간다면 할머니를 붙잡고
애원할 거예요. 내 엄마를 하인처럼 대하지 말아 달라고

꽃처럼 살고 싶었던 내 인생

꽃처럼 살고 싶었다
나는 많은 꽃을 화분에서 키운다

그런데 난
아직도 꽃처럼
살고 있지 못하다

꽃처럼 이쁜 세상에서
나는 이쁘게 살고 싶었다

몸부림쳤던
지나온 세월이 그리워진다

백세 시대에
내게 주어진 세월에
양보하지 않고 살리라

꽃처럼
나의 삶으로 돌아가리라

가을의 소리

여리고 여린 피부의 꽃잎이
거친 내 피부를 부드러운 느낌으로
나를 고요하게 해 준다

고요한 촉감으로 꽃의 피부를
내 얼굴에 감싸 울 때 너의 향이
어릴 때의 깊은 향수에 젖게 하였구나

내 귀에 너의 소리가 들린다
가까이에 가면 먹먹했던
내 세포가 열리는 소리가 들린다

가을 국화야
나를 만나 주려와 참으로 고맙다

창문을 열며

천지는 코로라 19
바이러스로 전쟁 중이다

외출을 못 하고
집에만 있어야 하는 전쟁 중이다.

환기를 자주 시키란다
전문가의 지시에 따라야 한다
안 지키면 죽을 수도 있단다

창문을 열었다
아- 웬일이야 눈이 오고 있네
하얀 눈이 오고 있네

사람의 생명을 위협하는 바이러스를
차가운 눈으로 지구에 떠다니는 나쁜 것을
포근히 눈이라는 보자기에 얼싸안고
땅속 깊은 곳으로 묻어 버리면 좋겠다.

고약한 코로라 19 바이러스는

눈이 오면 더더욱 신나게 날뛴다지

눈은 오는 것이 기쁜 것이 아니구나
눈이 오는 것은 불쾌한 현실이었구나

이제는 시간이 없다

헛되도다 헛되도다, 왜 이리 헛되고
헛되기만 오늘까지를 살아야 했는가?
헛되고 헛된 세월을 살아야만 했는가?

그 많은 서운함과 야속함과 기대치가
이해하고 양보하고 기대했던
한 생애를 걸어왔건만 지나온 헛된 세월
살아갈 시간이 없구나

얼마나 남았을까?
지나온 세월을 뒤로하고
모든 기억을 잊어버리자
다시는 기억하지 말자

이제 서운함이나 야속함이나
기대도 없는 나만이 이해하고 약속하는
헛된 날들이 없는 꽃들의 세상에서
살다 가리라

정든별 시집 해설

지난한 삶, 그 갈증적 회상 공간의 詩化
― 정든별 시집 『나는 토마토였다』를 읽고

金京秀 (詩人, 文學評論家)

지난한 삶, 그 갈증적 회상 공간의 詩化
— 정든별 시집 『나는 토마토였다』를 읽고

金京秀 (詩人, 文學評論家)

> 나를 지키고 보호해 줄 버팀목이 없는 서울이라는 광야에서 반듯한 버팀목을 찾아 교회를 찾았다.
>
> 성경 전체를 다 지킬 수는 없을지라도, 시편 1장 1절~6절, 26장 4절~5절 말씀으로 내 인생의 방향을 정하고, 십계명만이라도 철저히 지키겠다는 각오로, 절대로 부끄럽지 않은 엄마로 살겠다는 하나님과의 약속을 지키며 오늘을 산다.
>
> 이번에 첫 시집을 내는 영광도 하나님의 은혜라 생각하며 내 삶의 회상과 자전적 이야기를 모아 부족하지만, 용기를 내었다.
>
> ―〈시인의 말〉 부분

1

 인간의 영혼 그리고 사랑의 껴안음은 언제나 삶의 현실이라는 곳을 중심으로 자신의 관계를 계산한다고 한다. 인간 자신의 꿈도 이러한 삶의 현실이라는 중심점에서 달성의 농도가 많다고 느낄 때 저항성을 나타내지만, 그 저항성이 희박하다고 생각하면 탈출이라는 희망적 내지는 다짐이라는 견고한

결의를 통해 구속(종교에 예속)의 행복한 선택을 한다. 그것은 세상을 보는 시각이 굳은 사랑, 오염된 사회, 차별과 암울한 내일에 대한 피신처 역할을 하기 때문이다. 그 피신처를 향했던 시인은 어느새 세월이 흘러 노년의 삶을 가꾸고 아직도 즐거운 고행이라는 종교적 믿음으로 힘들고 어려웠던 삶의 여정들을 받아들이면서 모든 것을 용해하는 궁극으로 하나의 길을 만들어나간다. 누구는 가고파도 못 가는 길, 그 길이 가장 귀한 길임을 갈파하고 본향으로 가겠다는 다짐을 한다. 시인에게 있어 그 길은 건강을 유발하는 정신이 배어있기 때문이다.

바로 그 주인공이 이번에 첫 번째 시집 『나는 토마토였다』란 시집을 상재하는 정든별 시인詩人이다. 그의 이름처럼 따뜻하고 오랫동안 변치 않는 아름다움과 빛나는 느낌을 주는지 그의 시 숲으로 들어가 보자.

천지를 창조하신 신이
우리에게 물려준
에덴동산을 회복하기 위해
끝이 보이지 않는 광야를 홀로 간다

괭이와 삽과 호미를 들고
반듯한 내 길을 만들고
생수가 솟아오른 샘을 만들고
내가 쉴 수 있는 집을 만들고
오곡의 먹거리와 무지갯빛 찬란한

과실나무를 심는다

이름 모를 새들과
모여 노래 부르며
뒹굴며 뛰어노는 에덴동산

난무한 핍박과 유언비어들
호흡이 멈춰버리는 깊은 골짜기에
쓰러지면 다시 일어서 가야 한다

가지 않으면 안 되는 가야만 하는 길
나는 오늘도 광야를 향해 가고 있다.
     -「광야를 향해」전문

 정든별 시인이 '시인의 말'에서 말했듯이 "나를 지키고 보호해 줄 버팀목이 없는/서울이라는 광야에서 반듯한 버팀목을 찾아/교회를 찾았다."라는 사회 첫발을 내딛는 소회를 반추해 내어 당시의 불안전한 심리적 상태를 나타내고 있음을 알 수 있다.
 많은 세월이 흐른 지금, '시인의 말'과의 연장선상에서 보면 '광야를 향해'라는 시심으로 부활한 시인의 삶과 고난의 역경이 가득한 광야를 홀로 걸어가는 화자의 의지와 그 길을 가고자 하는 노력이 보이는 작품이다.
 "천지를 창조하신 신이/ 우리에게 물려준/에덴동산을 회복하기 위해/끝이 보이지 않는 광야를 홀로 간다." -「광야를 향해」(1연)처럼 에덴동산은 우리 인류의 이상향이자 순수하고 풍요로운 낙원을 상징하는데 아마도 시인의 삶도 이러하기를 바랐고 지금도 그러한 삶을 살고 있음은 그가 지금까지 살아온 발자취를 통해 알 수 있다. '광야'는 고난, 시련, 역경, 외로움이 가득한 자신의 현실적 삶의 궤적을 은유적으로 나타내고 있음이다. '끝이 보이지 않는다'라는 표현은 목표 달성의 어려움, 기약 없는 고통을 암시하며, '홀로 간다'는 화자의 고독하고 외로운 길을 보여준다. "괭이와 삽과 호미를 들고/ 반듯한 내 길을 만들고/ 생수가 솟아오른 샘을 만들고/ 내가 쉴 수 있는 집을 만들고/오곡의 먹거리와 무지갯빛 찬란한/ 과실나무를 심는다" -「광야를 행해」(2연)은 새로운 삶의 터전을 마련하기 위한 구체적인 도구들을 상징하며, 화자의 능동적이고 적극적인 의지를 보여준다. 이는 척박한 광야에서 생존과 안정을 위한 필수적인 요소들을 스스로 만들어 나가는 창조적인 노력을 의미하며, 생명의 근원과 희망, '내가 쉴 수 있는 집'은 안식처와 평화를 상징적으로 보여준다. "이름 모를 새들과/모여 노래 부르며/ 뒹굴며 뛰어노는 에덴동산" -「광야를 행해」(3연)은 사연과 조화로운 공존, 평화롭고 자유로운 삶의 모습을 그리고 있다. 이는 화자가 회복하고자 하는 에덴동산의 구체적인 모습이며 자기 삶의 여정이기도 하다. "난무한 핍박과 유언비어들/호흡이 멈춰버리는 깊은 골짜기에/쓰러지면 다시 일어서 가야 한다." -「광야를 행해」(4연)는 화자가 광야에서 마주하는 현실적인 고난과 정신적인 고통을 의미하며, 세상을 살아가면서 부당한 공격과 거짓된 소문은 시인의 여정을 더욱 힘들게 만든다는 호소의 표출로 보인다. 마지막 연에서는 "가지 않으면 안 되는 가야만 하는 길"을 통해 화자에게 에덴동산 회복의 길이 숙명적인 소명임을 강조하면서 어떤 어려움에도 불구하고 반드시 나아가야만 하는 필연적인 길임을 나타내고 있다. 그러면서 "나는 오늘도 광야를 향해 가고 있다"라는 현재 진행형 시제를 사용하여 시인의 의지가 현재에도 지속하고 있음을 강조하며, 미래에 대한 희망을 놓지 않고 묵묵히 자신의 길을 걸어가겠다는 다짐을 드러내고 있다. 이러한 그의 숙명적인 소명 의식은 과거부터 오늘날에 이르기까지 꾸준하게 진행되고 앞으로도 그렇게 할 것이란 의지가 그의 많은 시에서 드러나고 있음을 알 수 있다.

"이팝나무 향을 가진 당신//내가 지쳐 있을 때/쉬고 있을 때/당신을 만나고 싶어 합니다//가혹한 세상의 매를 맞고/쓰러져 잠들었을 때/당신을 만나고 싶어 합니다//어느 날/이팝나무 꽃송이로/만들어진 내 침실에//이팝나무 꽃송이로/만들어진 양복을 입고/나를 찾아와//내 전신의 아픔에/두 손목을 꼬—옥 잡고/새 힘을 실어 주고 떠나간 당신//애절하게 만나고 싶었던/당신을 꿈속에서 만나/열아홉 소녀가 되었습니다"

-「이팝나무」전문

시에서 '당신'은 창조주 하나님을 상징하며, 시인은 지치고 고통스러운 현실 속에서 하나님을 만나 위로와 새 힘을 얻고자 했던 과거의 간절한 마음을 노래하고 있다. 이때 이팝나무는 단순히 배경이나 비유적 표현에 그치지 않고, '당신'의 속성을 드러내고 시적 분위기를 형성하는 중요한 매개체로 활용하고 있다. 이팝나무의 하얗고 풍성한 꽃은 순수함과 풍요로움을 연상시킨다. 마치 깨끗하고 넉넉한 사랑으로 인간을 보듬는 하나님의 속성을 떠올리게 하는 객관적 사물로 등장, 시인이 꿈속에서 이팝나무 꽃송이로 만들어진 침실과 양복을 입은 '당신'을 만나는 장면은, 하나님의 순수하고 풍요로운 사랑 안에서 온전한 휴식과 회복을 경험하고 싶은 시인의 소망을 드러냈다고 볼 수 있다. -「이팝나무」(4~5연) 또한 이팝나무는 치유와 위로의 이미지로 작용하며, '당신'은 이팝나무 꽃송이로 다가와 두 손목을 꼬—옥 잡고 새 힘을 실어 주고 떠난 당신 새 힘을 불어넣어 줍니다.-「이팝나무」(6연)처럼 이는 이팝나무의 은은하고 부드러운 향기가 지친 이들에게 위안을 주는 것처럼, 하나님의 사랑과 은총이 고통받는 영혼을 치유히고 위로하는 연상 이미지로 연결되고, '두 손목을 꼬—옥 잡고'라는 표현은 '당신'의 따뜻하고 직접적인 위로와 격려를 생생하게 전달, 이팝나무가 주는 포근함으로 연결된다.

  시인은 현실의 고통 속에서 벗어나 꿈속에서 '당신'을 만나는데 이때 이팝나무 꽃송이로 만들어진 공간과 옷은 현실에서는 존재하기 어려운 환상적인 이미지로서 인간의 상상을 초월하는 신비로운 존재로서 하나님을 상징적으로 보여준다고 할 것이다. "애절하게 만나고 싶었던/당신을 꿈속에서 만나/열아홉 소녀가 되었습니다"-「이팝나무」(마지막 연)은 회복과 새로운 시작의 암시로서 이는 하나님의 은총과 사랑을 통해 상처와 고통을 딛고 순수했던 과거의 모습으로 돌아가 새로운 시작을 할 수 있다는 희망을 암시한다고 보여진다. 결론적으로 시 「이팝나무」에서 이팝나무는 창조주 하나님을 직접 지칭하는 것은 아니지만, 그 순수하고 풍요로운 이미지, 치유와 위로의 속성, 꿈과 환상의 매개체, 그리고 회복과 새로운 시작을 암시하는 의미를 통해 '당신'의 신성한 사랑과 은총을 효과적으로 드러내는 중요한 시적 장치의 기능으로 보여진다. 시인은 이팝나무를 통해 지친 현실을 위로받고 새로운 힘을 얻고자 하는 간절한 소망을 표현하고 있다.

아무런 예고도 없이
내 삶 속에 슬픔이 왔네

내 마음을 슬프게 했던 저들에게
은총을 베풀게 하소서

나의 가는 길을 멈추게 하는 자들을

용서하게 하소서

　내가 생명 삼은 무엇을
　내려놓고 거친 풍랑에도

　나를 잠잠케 해, 나를
　반석에 있게 해 주소서

　이 하루를 새롭게 하여
　다시는 슬픔이 없는
　날들이 있게 하여 주소서
　　　　　－「나의 모든 것」 전문

　앞에서 살펴본 시 〈광야를 향해〉 〈이팝나무〉 두 시 모두 시인이 힘든 현실 속에서 위로와 새로운 시작을 갈망하는 마음을 드러내고 있다는 점에서 공통적 인식으로 작용하고 있다고 보인다면, 시 〈나의 모든 것〉은 현실의 고난과 슬픔 속에서 벗어나 새로운 삶을 살아가기를 간절히 소망하는 화자의 기도와 같은 독백으로 보인다.

　"아무런 예고도 없이/내 삶 속에 슬픔이 왔네"-「나의 모든 것」(1연)는 갑작스럽게 찾아온 고난과 슬픔에 대한 화자의 당혹감과 고통, "내 마음을 슬프게 했던 저들에게/은총을 베풀게 하소서" -「나의 모든 것」(2연)은 고통을 준 대상에 대한 원망보다는 용서와 화해를 구하는 성숙한 태도를 보여주는 시작 태도는 〈이팝나무〉에서 '당신'에게 위로를 받았던 경험이 화자에게 긍정적인 변화를 불러왔음을 암시하고 있다고 보인다. "내가 생명 삼은 무엇을 내려놓고/거친 풍랑에도// 나를 잠잠 캐 해, 나를/ 반석에 있게 해 주소서" -「나의 모든 것」 (4~5연)은 집착했던 것을 내려놓고 어떤 어려움에도 흔들리지 않는 안정적인 상태를 갈망하는 간절한 소망을 드러내고 있다. "이 하루를 새롭게 하여/다시는 슬픔이 없는/날들이 있게 하여 주소서" -「나의 모든 것」(마지막 연)처럼 과거의 슬픔을 극복하고 희망찬 미래를 염원하는 화자의 강한 의지를 보여주는 대목이다. 이는 〈이팝나무〉에서 꿈을 통해 얻은 긍정적인 에너지를 바탕으로 새로운 시작을 다짐하는 것으로 해석될 수 있다.

2

정든별 시인은 독실한 기독교 신자로서 타인을 위한 삶을 갈구하고 있으며, 봉사와 이웃을 돕는 일을 하며 살아가고 있다. 산수傘壽의 나이를 앞둔 노년임에도 불구하고, 건강원을 운영하며 거기서 나오는 수익금의 일부는 이웃을 위해 도움의 손길을 주고 있다. 그는 활발한 사회활동을 통해 청소년 범죄 예방과 결식아동, 가정폭력, 성폭력 등 사회에서 소외되고 어려움을 겪어야 하는 소외 계층에 관한 관심과 사랑을 손수 몸으로, 물질로 돕고 있다. 사회복지사 자격증과 요양보호사, 독서 지도사, 미술치료 상담사 등의 자격증을 획득하여 사회봉사자로서 충분한 자격증을 보유하고 있다.

이러한 정든별 시인의 과거 이력들은 제33회 청룡봉사상(仁賞)을 받기에 충분하였다. 1990년대에만 해도 다수의 언론매체에 출연하여 사회봉사자로서 사명감과 특히 청소년과 결식아동에 대한 지대한 관심을 피력한 바 있다. 정든별 시인은 이렇게 오랜 시간 사회적 돌봄이 필요한 아이들에게 따뜻한 사랑과 보살핌으로 건강하게 자랄 수 있도록 하여 건강한 사회적 관심을 끌어내고자 헌신 노력한 시인이라 봄이 타당하리라 생각해 볼 수 있다.

내유외강內柔外剛의 강인함과 유연함에서 그의 따뜻한 휴머니즘을 느끼며, 다음의 시를 통해 그의 미래를 보고자 한다. 특히 그는 이번 첫 시집을 통해 봉사란 삶의 일부가 아닌 전부라는 사실을 우리에게 각인시켜 주고 있으며, 우리가 산다는 것에 사랑이 무엇인지를 보여주고 있다.

"백 세를 살다가 다른/세계를 향한 열차를 타고 갈 때/즐거웠다고, 만족했노라고//환한 웃음으로 손을 흔들며/백 세의 세상보다 더 멋진 나라로/여행을 떠날 수 있을까?//열차의 문을 열고 불어오는/바람에 찰랑거리는 긴 머리에/화장기 없는 깨끗한 얼굴에//행복의 미소를 머금고/험한 세상에 다시 오지 않으리라는/자신감 넘치는 손을 흔들며 떠날 수 있을까?"

– 「내게 주어진 삶이 백 세라면」 전문

이 시는 백 세라는 삶을 살고자 하는 가정하에서 죽음을 맞이하고자 하는 순간을 그리고 있다. 죽음을 두려워하거나 슬퍼하기보다는 만족과 기쁨, 그리고 새로운 세계에 대한 희망으로 가득 찬 모습을 나타내고 있다. 긍정적인 죽음의 이미지인 "환한 웃음으로 손을 흔들며"-(2연 1행), "행복의 미소를 머금고"-(4연 1행)과 같은 표현은 죽음을 부정적이고 두려운 대상으로 여기는 일반적인 시각과는 대조적으로 오히려 새로운 시작, 더 멋진 나라로의 여행으로 묘사하며 삶에 대한 긍정적인 태도를 마지막까지 유지하려는 화자의 모습으로 표출되고 있다. "백 세의 세상보다 더 멋진 나라"-(2연 2행)의 시행은 현세의 삶을 넘어선 이상적인 세계에 대한 기대로 보인다. 이는 단순히 죽음 이후의 세계를 의미할 수도 있지만, 고통과 어려움 없는 평화로운 상태에 대한 염원을 담고 있다 해석할 수도 있다. "화장기 없는 깨끗한 얼굴"-(3연 3행), "험한 세상에 다시 오지 않으리라는 자신감 넘치는 손"-(4연 2~3행)은 화자가 세속적인 욕망이나 미련 없이 삶을 초월했으며, 다가올 새로운 세계에 대한 삶을 긍정적으로 마무리하고, 새로운 시작을 희망하는 인간의 보편적인 생각을 나타내고 있다.

"천지는 살아있기 위해 치열한 전쟁 중이다//유구한 세월 속에 안착한 교만과 시기 질투들이/작은 미생물이 세계를 뒤집고 있는 전쟁 중이다//그 하찮은 것들이 살며시 나타나서/신을 이기기 위한 교만의 바벨탑이 무너지는/허무함을 맛보게 하는 전쟁 중이다//전쟁이란/너는 죽고 나는 살겠다는 것//천지를 창조해 냈던 나를 이기려고 하는/포악스러운 너를 심판해야 할 때가 지금이라//의로운 나를 새롭게/이 천지에 배치해 내기 위해/이 전쟁을 택할 수밖에 없는//천지는 창조 시대로 돌아가기 위해 치열한 전쟁 중이다"
-「전쟁 중이다」 전문

이 시는 〈내게 주어진 삶이 백 세라면〉 시의 평화로운 분위기와는 대조적으로, 현실 세계의 치열한 갈등과 변화의 불가피성을 나타내고 있다. "천지는 살아있기 위해 치열한 전쟁 중이다"(1연), "작은 미생물이 세계를 뒤집고 있는 전쟁 중이다"(2연 2행) 와 같은 표현은 거시적인 자연의 질서부터 미시적인 생명의 영역까지, 끊임없는 경쟁과 투쟁이 벌어지는 현실을 보여준다. "유구한 세월 속에 안착한 교만과 시기 질투들"(2연 1행), "신을 이기기 위한 교만의 바벨탑이 무너지는 허무함"(3연 2행)은 인간 사회의 부정적인 측면을 지적하며, 그러한 오만함이 결국 무너지고 변화를 맞이할 수밖에 없음을 암시하고 있다. 또한 "너는 죽고 나는 살겠다는 것"(4연), "포악스러운 너를 심판해야 할 때가 지금이라"(5연 2행)는 시행에서는 기존 질서의 붕괴와 새로운 질서의 탄생이라는 변화의 본질을 드러내고 있다. 이는 개인 차원뿐만 아니라 사회적, 역사적인 변화의 흐름을 포괄하는 의미로 해석될 수 있다. 마지막으로 "의로운 나를 새롭게 이 천지에 배치해 내기 위해 이

전쟁을 택할 수밖에 없는", "천지는 창조 시대로 돌아가기 위해 치열한 전쟁 중이다"(마지막 연)라는 구절은 현재의 혼란과 갈등이 새로운 시작을 위한 불가피한 과정임을 역설적으로 이야기하고 있다. 살펴본 바와 같이 이 시는 일반적으로 바라는 아름다운 이상과는 달리, 끊임없이 변화하고 갈등하는 현실의 냉혹함을 비판하고 있다.

먼 데서 본 잔디밭은
아름답다는 말을 들어 본 적이 있는가?

잔디밭이 너무 아름다워 찾아갔을 때
그곳에는 발이 넘어지는 돌밭이었고
그곳에서 뒹굴기에는 가시넝쿨 밭이었다

나는 이십여 년 동안 먼 곳에 있는 잔디밭에서 놀았다
아름다운 걸음을 걸었고
잔디에 누워 뒹굴며 높은 하늘을 향해
소곤소곤 많은 얘기를 나누었다

그러나 이제 이곳은
아픔을 견뎌내야 하는 곳

먼 데서 보는 아름다운 잔디밭은
어디로 가버린 걸까?
− 「먼 곳에서 본 잔디밭」 전문

이 시에서는 이상적으로 보였던 것이 현실에서는 고통과 어려움으로 가득한 세월의 흔적과 경험을 통해 이상과 현실의 괴리를 보여주는 작품으로 보여진다. "먼 데서 본 잔디밭은/ 아름답다는 말을 들어 본 적이 있는가?"(1연), "아름다운 걸음을 걸었고/ 잔디에 누워 뒹굴며 높은 하늘을 향해/ 소곤소곤 많은 얘기를 나누었다"(3연 2~4행)와 같은 표현은 화자가 먼 곳의 잔디밭을 평화롭고 아름다운 이상적인 공간으로 상상했음을 보여주고 있다. "잔디밭이 너무 아름다워 찾아갔을 때/ 그곳에는 발이 넘어지는 돌밭이었고/ 그곳에서 뒹굴기에는 가시넝쿨 밭이었다"(2연), "그러나 이제 이곳은 아픔을 견뎌내야 하는 곳"(4연)과 같은 구절은 이상과는 전혀 다른 현실의 고통과 어려움을 생생하게 드러내고 있다. "나는 이십여 년 동안 먼 곳에 있는 잔디밭에서 놀았다"(3연 1행)라는 과거형의 표현은 화자가 오랫동안 이상적인 환상 속에서 머물렀음을 암시하고 있지만, 현실의 고통을 경험하면서 이상과 현실의 차이를 깨닫고 성숙해 가는 과정으로 보여진다. "먼 데서 보는 아름다운 잔디밭은/어디로 가버린 걸까?"(마지막 연)라는 질문은 현실적 삶 속에서 이상을 잃어버린 그것에 대해 안디끼옴에 대한 표현으로 보인다 이 시는 현실의 고통과 변화, 그리고 이상과 현실의 괴리를 노래하고 있지만, 깊이 들여다보면 삶의 본질과 가치에 대한 깊은 성찰이라는 하나의 끈으로 연결되어 있음을 알 수 있다.

시라는 것은 우리에게 현실의 어려움에 좌절하지 않고, 이상을 향해 나아가되 현실을 직시하며, 삶의 마지막 순간까지 긍정적인 태도를 유지하는 것의 중요성을 은유적으로 전달하는 기능을 가지고 있다고 본다. 따라서 삶의 여정은 때로는 전쟁과 같고, 이상은 현실과 괴리될 수 있지만, 그 모든 과정을 통해 우리는 성장하고, 결국에는 만족스러운 마침표를 찍을 수 있다는 희망을 제시한다는 사실을 정든별 시인의 시를 통해 알 수 있다.

3

정든별 시인은 평소 결식아동과 청소년 문제에 관심을 가지고 지금껏 살아왔다. 그는 언제나 사람의 손길이 필요로 하는 곳에 가면 시인의 반가운 미소를 볼 수 있다는 것이 그의 주변 이야기다. 직업적 의식으로 도우미를 자처하며 본능적으로 봉사를 하며 필요한 곳에 도움을 주는 시인이었다. 이제 세월의 무게를 견디며 살아온 자신의 지난한 삶과 갈증의 회상적 이야기를 시로 담아내고자 하는 마음 간절하여 부족하지만, 용기를 내어 시집을 내고 싶다는 마음을 필자에게 보내왔다. 나름의 인생 역경과 행간의 흔적들이 그의 삶을 대신하는 듯하다. 정든별 시인의 시작 태도는 이러한 종합적인 시대 상황을 짊어졌던 세대로서 어두운 사회를 향한 메시지를 통해 함께 치유하기를 바라는 마음으로 과거를 회상하고 그 속에서 새로운 미래를 정화해 내려는 의도를 담고 있다고 보여진다. 그의 다른 시들을 보자.

"새벽 다섯 시/고요하고 정돈된/나 혼자만의 거리에/내 시선이 닿고 있는/너그러운 향기/느릿느릿 굽이치는/세찬 세상의 매를/맞으면서도 흐트러짐 없이/담장을 타고 작년보다 더 튼실하게/더 많은 꽃으로 피어나는/너의 탄생이 부럽기만 하구나//긴 수명과 강인한 체력과/향기를 가지고//혹여 다칠까 꺾일까?/자신을 철저히 지키기 위해/가시와 동행하는 너를/누가 밉다고 하더냐/싫다고 하더냐/내 죽어 다시/이 세상에 온다면/해당화꽃이 되어 오리라"
— 「해당화꽃이 되어 오리라」 전문

이 시는 해당화꽃을 통해 삶의 강인함과 아름다움을 표현하고 있다. 시의 화자는 새벽의 고요한 순간에 혼자만의 공간에서 해당화의 향기를 느끼며, 그 꽃의 생명력에 감명받는다. 첫 연에서는 새벽의 정적과 향기를 통해 화자가 느끼는 고요함과 평화로움을 나타내고 있다. 이는 해당화가 피어나는 순간의 아름다움을 강조하고자 함이다. 두 번째 연에서는 해당화가 세상의 어려움과 고난을 견디며 더욱 튼실하게 자라는 모습을 묘사하고 있다. 여기서 "세찬 세상의 매"는 삶의 고난과 역경을 의미하며, 세 번째 연에서는 해당화가 긴 수명과 강인한 체력을 지니고 있으며, 가시를 통해 자신을 보호하는 모습이 그려진다. 이는 삶에서의 고난과 시련을 이겨내기 위한 강한 의지를 상징하며, 화자는 이러한 해당화의 모습에 감명받으며, 누군가가 이를 미워하거나 싫어할 이유가 없다고 말한다. 마지막 연에서는 화자가 만약 다시 태어난다면 해당화꽃이 되고 싶다는 소망을 표현하고 있다. 이는 해당화의 강인함과 아름다움을 동경하며, 자기 삶에서도 그러한 강인함을 갖고 싶다는 바람을 표출하고 있다. 전체적으로 이 시는 삶의 고난을 이겨내고 아름다움을 지키는 강인한 존재로서의 해당화꽃을 통해, 정든별 시인의 삶에 대한 성찰과 희망을 담고 있음을 알 수 있다.

다음 〈나는 토마토였다〉 시를 보도록 하자. 이 시는 정든별 시인의 시집 제목이기도 하다. 시인이 이 시집의 제목을 통해 무엇을 말하려 하는지를 살펴보고자 한다.

토마토는 과일이 아닌 과채류다
암 예방, 피부미용, 심장 건강, 눈 건강, 흡연자에게 좋다
골다공증 예방, 항산화 물질이 있다고 한다

나는 토마토의 효능을 이야기하지 않는다
토마토는 속과 겉이 똑같다는 의미를 말하고 있다

수박은 겉은 푸르지만 쪼개 보면 속이 빨갛다
사과는 겉은 빨갛지만 속은 하얗다

수많은 사람을 만나며 살았다

겉과 속이 똑같은 사람도 만나었고
겉은 푸르고 신선해 보였지만
속은 새빨간 거짓의 사람도 만나었고
겉은 거짓스러운 것 같았지만
그 속에는 거짓이 없는 깨끗한 사람도 만났었다

다시 태어난다면 토마토 같은
사람들을 만나며 살리라
- 「나는 토마토였다」 전문

  이 시는 화자가 자신을 토마토에 비유하여 인간관계에서 겪었던 다양한 경험과 그에 관한 생각을 간결하고 명료하게 표현하고 있다. 특히 단어 '토마토'는 앞으로 읽으나 뒤로 읽으나 변함이 없다. 또한 토마토 자체의 속성도 '겉과 속 똑같다'라는 특성을 통해 인간의 본질적 관계를 은유적으로 표현하려는 의도를 드러내고 있다는 것이 이 시의 핵심으로 보인다.

  화자는 첫 행에서 "토마토는 과일이 아닌 과채류다"를 통해 과학적인 분류를 언급하며 독자의 주의를 환기하고, 토마토의 다른 특징에 대한 설명을 위한 발판을 마련한다. 1연의 2행과 3행에서는 토마토의 다양한 효능을 나열하며 그 속에는 유익한 성분들이 가득하다는 점을 간접적으로 설명을 하고 있지만, 곧 이러한 효능을 이야기하는 것이 아님을 보여준다. 그러면서 "나는 토마토의 효능을 이야기하지 않는다"(2연 1행)라는 직설적 화법을 통해 토마토의 효능이 이 시의 핵심 메시지가 아님을 분명히 밝히고 있다. 즉, 시인은 "토마토는 속과 겉이 똑같다는 의미를 말하고 있다"(2연 2행)라는 속내를 적나라하게 드러낸다. 이 시의 핵심 주제가 명확하게 드러나는 행이다. 화자는 토마토의 가장 중요한 특징으로 '겉과 속이 똑같다'는 점을 강조하며, 이를 통해 인간관계에 대한 자기의 생각을 비유적으로 표현하려 한다.

"수박은 겉은 푸르지만 쪼개 보면 속이 빨갛다 / 사과는 겉은 빨갛지만 속은 하얗다"(3연)처럼 수박과 사과를 통해 겉과 속이 다른 존재임을 대비시키고 있다. 겉모습만으로는 그 본질을 알 수 없는 수박과 사과의 속성은 인간관계에서의 피상적인 판단을 암시한다고 볼 수 있을 것이다. "수많은 사람을 만나며 살았다/겉과 속이 똑같은 사람도 만났었고/겉은 푸르고 신선해 보였지만/속은 새빨간 거짓의 사람도 만났었고/겉은 거짓스러운 것 같았지만/그 속에는 거짓이 없는 깨끗한 사람도 만났었다."(4연)라는 이야기에서 보듯이 화자가 살아오면서 경험했던 다양한 인간 유형을 구체적으로 제시하며, 겉과 속이 똑같은 사람, 즉 토마토처럼 진실하고 솔직한 사람을 의미하다고 보인다. 이는 겉과 속이 다른 거짓과 위선으로 가득 찬 세상 내지는 사람을 비판적으로 묘사하고 있다. "다시 태어난다면 토마토 같은/사람들을 만나며 살리라"(5연)처럼 시인은 다시 태어난다면 겉과 속이 다르지 않은, 진실하고 솔직한 사람들과의 관계를 맺으며 살고 싶다는 바람을 표현하고 있다. 이는 화자가 그동안 겉과 속이 다른 사람들로 인해 힘든 경험을 했음을 암시하며, 진정한 관계에 대한 갈망을 보여주고 있다.

 이 시는 단순한 비유를 통해 인간관계 속에서 중요한 가치인 '진실'과 '솔직' 함에 대해 깊이 생각하게 하는 정든별 시인의 시집 제목이기도 하다.

4

 누구에게나 글을 쓰는 태도나 과정은 자기 자신과 세상을 바라보는 태도에 대하여 마음을 지속해서 움직이며 일어나게 하고, 자기 내면의 소리와 스스로에 대해 믿음을 크게 키워나가는 과정이라 할 것이다. 이는 그 과정이 올바르게 작동되었을 때 좋은 글을 얻을 수 있다는 평범한 진리인 것이다.

 시와 언어는 변증법적 관계에 놓이는 데 따라서 시는 '무엇을'에 해당하는 주제와 내용, 그리고 '어떻게'에 해당하는 표현과 형식의 상관관계를 형성하기 때문이라는 논리이다. 말하자면 시를 시로써 완성해 주는 것은 내용과 유기적으로 연결된 언어의 독특한 쓰임새에서 비롯되는 것이다. 그만큼 언어는 시를 이루는 매개체이자 방법론이고 때로는 그 목적에 해당한다고 보여진다.

"가슴을 움켜쥐고 통곡해야 하는/아픈 내 세월아//다시 겪어야 한다면/다시는 겪어질 수 없는/아픈 내 세월아//할 수만 있다면 다시 돌아가서/아픔이 없는 세월을 시작해 보고 싶은/지나온 아픈 내 세월아//모두가 나처럼 슬펐을까?/모두가 나처럼 외로웠을까?/모두가 나처럼 고통스러웠을까?//참으로 서운했고 야속했고/억울했고 분노의 날들이었던/아픈 내 세월아//하늘의 해님도 달님도 별님도/산천초목도 나처럼 외로웠고/슬펐고 고통의 아픈 세월이었을까"

-「아픈 내 세월아」전문

이 시는 정든별 시인이 지나온 세월에 대해 깊은 슬픔과 회한을 토로하는 독백 형식의 작품이다. 반복적인 어구와 질문을 통해 감정과 정서를 효과적으로 전달하고 있다. 특히 "아픈 내 세월아"라는 반복적인 호칭은 화자가 겪었던 고난과 슬픔의 무게를 강조하며, 그 세월에 대한 깊은 애착과 떨쳐낼 수 없는 아픔을 동시에 드러낸다.

"가슴을 움켜쥐고 통곡해야 하는/아픈 내 세월아"「아픈 내 세월아」(1연) 가슴을 움켜쥐고 울 수밖에 없었던 과거의 힘겨운 시간을 나타내고 있으며, "아픈 내 세월아"라는 말은 단순한 과거가 아닌, 현재까지도 시인에게 깊은 상처와 아픔으로 남아있는 존재임을 밝히고 있다. "할 수만 있다면 다시 돌아가서/아픔이 없는 세월을 시작해 보고 싶은/지나온 아픈 내 세월아"「아픈 내 세월아」(3연) 과거의 고통을 극복하고 새로운 삶을 살고 싶다는 강렬한 소망을 화자는 말하고 있다. 이처럼 정든별 시인은 현재 여전히 과거의 아픔에서 완전히 벗어나지 못하고 있음을 보여주고 있으며, "아픔이 없는 세월"에 대한 갈망은 과거의 고통이 얼마나 깊고 지속적인지를 역설적으로 보여주고 있다. "모두가 나처럼 슬펐을까?/모두가 나처럼 외로웠을까?/모두가 나처럼 고통스러웠을까?" 「아픈 내 세월아」(4연)의 반복적인 질문 형태를 보면 시인이 겪었던 고통과 슬픔, 외로움 등 보편적인 감정은 개인적인 차원을 넘어 타인과도 공유될 수 있는 감정인지 확인하고자 하는 심리적 불안감을 보여주는 대목이기도 하다. 이는 화자가 자신의 고통을 객관적으로 평가하고 이해하려는 시도로 해석될 수 있다. 4연에서도 마찬가지로 감정의 구체화를 통해 과거의 세월 속에서 느꼈던 감정들을 서운함, 야속함, 억울함, 분노로 나열함은 단순히 슬픔이라는 감정보다 부당하고 억압적인 상황이 관련되었을 가능성을 암시하고 있다고 볼 수도 있다. 마지막 연에서는 하늘의 해, 달, 별, 그리고 산천초목과 같은 자연물에 화자 자신의 감정을 투영하고 있음을 짐작할 수 있다. 이는 화자가 느끼는 고독감과 슬픔, 고통이 개인적인 차원을 넘어 마치 세상 전체의 분위기와 같았다고 느끼는 심리 상태를 보여줌으로써 화자의 깊은 슬픔과 고통이 자연마저 물들였을 것이라는 상상을 더욱 심화시키는 효과를 주고 있다고 보여진다.

"너무 빨리 가버린 세월아/이제 좀 쉬었다 가자//쉴 새 없이 앞만 보고 살아온 세월/그러나 아무것도 없는 텅 빈 나에게//이제 좀 쉬어가자 천천히 가자/슬픔을 씻고 외로움을 씻고/고통을 씻고 가자 천천히//서운함도 야속함도 억울함도/분노를 씻어 버리고 다시 시작하자/새롭게 가자 좀 쉬었다 가자//100세 시대에 지나온 70년을/보상이라도 받을 수 있도록 지혜롭게/25년을 70년만큼 쉬면서 가자//한번 밖에 올 수 없는 세상에 왔으니/웃으면서 멋지게 기쁘게 만족하게/후회 없는 여행으로 돌아갈 수 있도록/천천히 쉬면서 가자 세월아"

-「세월아 쉬었다 가자」전문

이 시는 빠르게 흘러가 버린 세월에 대해 안타까움과 앞으로 남은 시간을 여유롭게 보내고 싶은 소망을 진솔하게 담고 있다. 숨 가쁘게 달려온 지난 세월을 돌아보며, 이제는 잠시 멈춰 서서 삶의 감정을 정리하고 남은 인생을 후회 없이 보내고 싶다는 간절함을 표현하고 있다. 특히 4연에서 "서운함도 야속함도 억울함도/분노를 씻어 버리고 다시 시작하자/새롭게 가자 좀 쉬었다 가자 -「세월아 쉬었다 가자」(4연)은 세상을 살아가는 관계 속에서 느꼈던 서운함, 야속함, 억울함, 그리고 내면의 분노까지 모두 씻어내고 새로운 마음으로 다시 시작하고 싶다는 의지 표명으로 보인다. 5연에서 100세 시대를 바라보는 현실에서 남은 25년에 대한 바람을 말하고 있으며, "한번 밖에 올 수 없는 세상에 왔으니/웃으면서 멋지게 기쁘게 만족하게/후회 없는 여행으로 돌아갈 수 있도록/천천히 쉬면서 가자 세월아" -「세월아 쉬었다 가자」(6연)은 단 한 번뿐인 삶이기에, 남은 시간은 웃음과 기쁨, 만족으로 가득 채워 후회 없는 아름다운 여행으로 마무리하고 싶다는 간절한 소망을 담고 있다.

또한, 100세 시대라는 현실적인 배경을 언급하며 남은 삶에 대한 구체적인 계획과 소망을 드러내는 점이 인상적이다. 이 시는 독자들에게도 자기 삶의 속도를 되돌아보고 잠시 멈춰 서서 자신을 돌아보는 시간을 갖도록 하는 여운을 남긴다.

"사람보다 먼저/봄을 알고 태어나//세찬 비바람과 폭풍을 맞으면서/튼실하게 자라 꽃을 피우고/열매 맺어 우리에게 먹거리가 되어주고//낙엽이 되어/생을 마무리하는 순간까지/온 산야를 붉게 물들여/아름다움을 선물해 주는 단풍//단풍을 만나기 위해/즐거운 탄성의 노래를 부르며/몰려가는 저 그림을 보라//시인의 삶은 생명이 다하는/그 순간까지 신비의 탄성을/부르며 우울해 있는 우리의/정서를 회복시키는//단풍과 같은 삶과/글을 남기는 시인은 단풍이다"

-「시인은 단풍이다」 전문

이 시는 단풍의 생애와 아름다움을 예찬하며, 시인의 삶과 역할을 단풍에 빗대어 노래하고 있다. 자연인 단풍을 통해 인간, 특히 시인의 존재 의미를 깊이 있게 탐구하는 작품이다. 시인의 삶과 역할에 투영하여 시인의 의미를 되새기며. 단풍이 계절의 변화 속에서 굳건히 성장하고 마지막까지 아름다움을 선사하듯, 시인 또한 세상의 풍파 속에서 끊임없이 영감을 얻어 사람들에게 위로와 감동을 주는 존재라는 것을 부각하고 있다. 자연물(단풍)과 인간(시인)의 연결을 통해 삶의 본질적인 가치와 예술의 의미를 깊이 있게 성찰하는 작품이라고 할 수 있다.

5

 정든별 시인이 살고 있는 현재의 공간은 그가 살아온 갈증적 회상 공간이다. 끊임없이 긍정과 부정의 현실과 과거를 넘나드는 생명에의 꿈을 꾸는 정지된 공간이 아니라 노년의 삶을 일으켜 세우려는 움직이고 변모하려는 정신을 갖고 있다. 봉사와 타인을 위한 삶의 여정 속에서 지난했던 삶의 보상을 향한 갈증에 애타고 있다. 시인은 항상 진실과 만날 때 감동의 문이 열리듯, 정든별 시의 목청은 언제나 사회의 소외 계층에 대한 자신의 역할에 매달려 있으면서 합리와 불합리의 차원을 넘어 종교적인 세계에 맞닿은 헌신적 신념을 표방하는 그의 표정을 그려내고 있다. 또한 현실적 삶의 중심에서 벗어난 과거의 기억을 안타까워하는 노년 의식의 발로일 것이다.
 '시는 실제로 경험한 후에 그것을 다시 회상하여 정서가 다시 가슴속에 일어남을 기다려 표현해야 한다'라는 워즈워스의 말처럼 정든별 시인은 이처럼 오랜 세월 속에서 숙성된 신앙

심이 시심으로 부활하였다고 볼 수 있다.

  마지막으로 문학은 언어로 이루어지는 언어예술이며 특히 시는 더욱더 그러하다. 작가의 사상과 감정이 아무리 위대하고 훌륭할지라도 그것을 표현하는 형식이 감동적이지 않다거나 평이한 언어 형태로 나열만 한다면 그것은 지극히 무력한 것이 될 수밖에 없다는 사실을 간과해서는 아니 될 것이다.